L'Inde des parfums

Collection dirigée par Arielle Picaud

DANS LA MÊME COLLECTION

Odeurs de maisons
Saveurs de cigare
Odeurs d'ateliers
Histoire en parfums
Sur les routes de l'encens
Parfums d'Orient
Saveurs d'enfance
Aux sources du massage

Réalisé par l'atelier graphique Editions du Garde-Temps/Studio Mag Net.
Secrétaire d'édition : Michel Wechsler.
Assistante d'édition : Véronique Maury.

L'Inde des parfums

Nicolas de Barry

Textes et création des parfums

Laurent Granier

Photographies

ÉDITIONS DU GARDE-TEMPS

Sommaire

Les essences du Kerala

L'Inde des odeurs est un univers. Santal
dans les temples et agarbatis qui embaument
tous les lieux de paix et de prière, marché
aux fleurs de Bangalore, huile de coprah gorgée
de plantes pour les massages ayurvédiques,
épices assemblées et grillées dans les maisons…
Et aussi les roses de Kanauj, les jasmins,
tubéreuses et frangipanes du Karnakata, le santal
de Mysore et les innombrables épices du Kerala…

**FROTTEZ
CETTE IMAGE
ET SENTEZ**

Eau de gingembre

*Quoi de plus enivrant que le jus
fraîchement pressé de la racine de gingembre ?
À la fois acidulé et piquant, presque floral,
son parfum évoque le plaisir en harmonie avec les autres épices
du Kerala : cardamome, muscade, clou de girofle…
Une osmose entre des notes épicées
et la pointe florale et citronnée de ce tubercule magique.
Une impression à la fois de fraîcheur et d'énergie !*

അശോകം

Vasco de Gama

Réservoir du monde

Le sud de l'Inde – Tamil Nadu, Karnataka et Kerala – est le réservoir à épices de la planète : depuis des millénaires, on produit ici et on exporte ce dont le monde entier a besoin pour se parfumer, se soigner et relever les recettes de cuisine des cinq continents.

L'histoire de ces épices est une véritable épopée : le poivre tout d'abord, très recherché depuis fort longtemps, et qui fut l'enjeu de bien des conflits ; la cannelle, cette écorce odorante dont les Romains puis les Européens du Moyen Age faisaient grand cas ; la muscade, avec son macis – l'enveloppe – et sa noix dont l'odeur rappelle celle du musc ; le piment rouge, qui donne sa force à bien des recettes ; le clou de girofle, ce petit bouton que l'on cueille avant de le faire sécher afin qu'il « rende » son arôme ; la cardamome, graine noire dans son étui vert, qui parfume le café oriental et le lassi indien ; et bien sûr le gingembre, racine d'une graminée d'apparence banale : depuis l'Antiquité, le jus de cette racine apporte aux mets sa petite touche piquante, entre dans la composition des potions médicinales ou des breuvages magiques et donne aux parfums cette note acidulée si recherchée aujourd'hui.

Egrenage e
cueillette du poivre
Page suivante
une plantation de thé

La fièvre des épices

Au sud-ouest du Karnataka, la petite bourgade de
Madikeri se niche dans les montagnes du Kodagu.
Babou est producteur de gingembre : le mois de
février est la période de récolte. Dans ses champs,
situés à quelques kilomètres de Madikeri, hommes
et femmes en saris multicolores déterrent les
racines. La marchandise est pesée pour établir
le salaire des travailleurs puis chargée sur
la remorque. L'atmosphère est bon enfant.
Babou n'est pas un riche propriétaire, il habite
chez ses parents et vend la matière première aux
négociants de Cochin, plus au sud, au Kerala.
La longue chaîne du trafic des épices commence.
Le gingembre est stocké dans de grands entrepôts,
séché sur le toit des maisons du quartier
commerçant de Cochin, puis revendu avant
d'aboutir pour la distillation en Inde ou à
l'étranger, dans des fabriques spécialisées.
Babou nous a accueillis avec l'hospitalité et la
gentillesse traditionnelle de l'Inde de l'intérieur,
et sa mère nous a régalés d'un excellent dîner,
où gingembre et piment sont adoucis par le yaourt
et la cardamome. Mais au moment des tractations
commerciales, à Cochin, l'ambiance est
à la méfiance : on voit qu'ici les épices valent
leur pesant d'or.

ചെങ്ങഴുന്നീർ കിഴങ്ങ്

*Séchage
et tri du gingembre.*

Curry et massala

Les femmes achètent les épices séparément et chacune fait son propre mélange (massala). Ce mélange est appelé « poudre à kari », kari en tamoul signifiant sauce. En Occident, nous achetons des mélanges « prêts à consommer », et ceci depuis le XVIIIe siècle. Pour l'Exposition universelle de Paris en 1869, une composition du curry fut imposée : 2 g de tamarin, 5 g de piment, 3 g de curcuma, 3 g de fenugrec, 2 g de cumin, 2 g de poivre et 2 g de graines de moutarde.

On s'occupe du gingembre en février, mais c'est toute l'année qu'arrivent au port beaucoup d'épices en provenance du Karnataka et du Kerala. La côte de Malabar (sud-ouest de l'Inde) a toujours été le centre du commerce vers le Moyen-Orient. Depuis des millénaires, les clients sont venus ici, avec de l'or, pour acheter des cargaisons : Egyptiens, Hébreux, Grecs, Arabes, Portugais… On y trouve encore presque toutes les épices : poivre, piment, gingembre, muscade, cannelle, clou de girofle, cardamome, et aussi le café, le vétiver, dont les fines racines en écheveaux donnent une huile essentielle douce-amère, et le santal qui vient de Mysore ou du Tamil Nadu. Aujourd'hui, la concurrence est rude et d'autres fournisseurs ont pris le relais, à Ceylan ou en Indonésie. Mais le marché indien d'un milliard d'individus absorbe une grande partie de la production de ces épices, qui entrent dans la composition du *massala* (curry) consommé quotidiennement ainsi que dans la pharmacopée ayurvédique.

ഔഷധ സസ്യകൃഷി വീട്ടുവളപ്പിലും

Plantes de l'ayurveda

A une heure de route de Cochin, dans le village de Thrissur, un chemin de terre conduit à une belle maison de style colonial, flanquée de hangars : au centre ayurvédique de la famille de Thrissur Thaikat Unni Mooss (1900-1927), l'un des descendants d'une des huit familles saintes qui perpétuent la tradition de l'ayurveda, on fabrique les remèdes de la pharmacopée ayurvédique. Ceux-ci sont préparés dans la plus authentique tradition : les herbes sont cueillies dans la forêt à des dates précises et immédiatement transformées en décoctions ou en onguents.
Le massage est le point fort des traitements.
Il commence par des frictions de la tête, puis le patient s'allonge, et le masseur malaxe les muscles pour faire pénétrer l'huile gorgée d'herbes (il faut environ 3 litres pour un massage complet). Parfois le massage se fait au tampon : de grosses boules de tissu enveloppent des herbes ou du riz au lait, elles sont trempées dans de l'huile chaude et on en frotte le corps avec des mouvements rotatifs pénétrants. Des odeurs d'abord âcres – les racines et les herbes – laissent la place à des fragrances miellleuses et ambrées.

Les huiles essentielles sont des substances très concentrées. Il faut donc s'en servir avec précaution. Pour les massages, quelques gouttes diluées suffisent, généralement avec de l'huile de sésame. Chaque huile essentielle possède ses propres vertus thérapeutiques.

Récolte de la cardamome.

L'influence de la substance essentielle des plantes sur l'équilibre du corps humain est ici un dogme, une évidence : dans la tradition ayurvédique, cette substance peut-être extraite par infusion ou extraction par pression à froid d'une plante (fleur, racine, bois, résine, etc.). C'est la procédure la plus courante au Kerala : elle nécessite toutefois une pharmacie de proximité car les plantes fraîches donnent leurs sucs immédiatement, et sans grande capacité de conservation. Au contraire, les huiles essentielles produites principalement par distillation de ces mêmes plantes ont une durée de vie de plusieurs années. Mais le principe est le même : extraire de la plante son influence vitale, son essence, son âme...

Distillation (ci-dessus et à droite) en plein air de la racine de vétiver. Un mélange d'eau et de plantes est chauffé. La vapeur d'eau entraîne les molécules aromatiques puis se condense à la sortie de l'alambic. On récupère l'huile essentielle, plus légère, qui flotte à la surface de l'eau.

Clou de girofle.

Beauté de la femme indienne

Ce qui frappe le regard en Inde, que ce soit dans une grande métropole ou dans une bourgade reculée, à l'occasion d'une soirée aristocratique comme sur le marché, c'est l'élégance naturelle des Indiennes, leur raffinement et leur parfum, enroulées dans leur sari de simple cotonnade ou de riche soierie, toujours coloré et souvent parfumé.

**FROTTEZ
CETTE IMAGE
ET SENTEZ**

L'entêtante tubéreuse

Des longues tiges pour de petites fleurs : mais quel parfum !
Dans la région de Mysore, on la cultive pour
la parfumerie fine qui, hélas, ne l'utilise plus guère car
elle est chère. Peut-être aussi est-elle trop sensuelle,
trop ouvertement féminine… C'est l'odeur préférée de
la femme fleur, dont le sillage fatal transforme
le tigre du Bengale en chaton ronronnant. Les fleurs
blanches et les hespéridées lui donneront de la légèreté,
les notes boisées et ambrées étofferont sa sensualité.

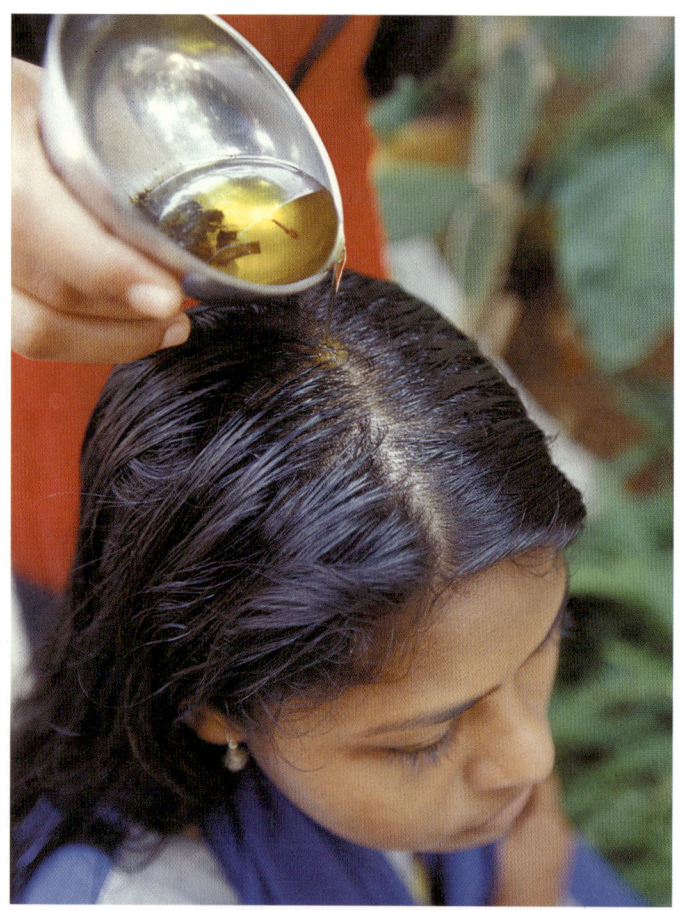

Atouts cœur

Chevelure huilée, lavée puis parfumée par une fumigation d'encens et tressée de tubéreuses fraîches, attars puissants ou eaux de rose légères, savons au clou de girofle ou au santal… les Indiennes possèdent les atouts de la séduction.

Depuis l'arrivée des Moghols, très marqués par la civilisation persane, le culte de la rose est étroitement associé à l'éternel féminin. La rose symbolise la femme par sa beauté, par le nombre de ses pétales qui illustre la complexité du caractère féminin, par la brièveté de sa vie qui symbolise l'amour, intense mais fugitif, à l'opposé de la vie éternelle. Curieusement, la rose n'est pas en Inde un parfum uniquement féminin, l'homme oriental l'emploie lui aussi. Maintes gravures représentent l'empereur ou le maharaja avec une rose à la main, en train de la humer, comme on tient en main la clé du royaume des plaisirs fugitifs. Le Cupidon indien est le dieu Kama qui, comme son homologue grec, tire des flèches enchantées sur ses victimes. C'est la fleur odorante du manguier qui est le « poison » dans lequel les flèches sont trempées : monté sur un perroquet, Kama blesse avec ses flèches à tête de fleurs, pourtant fragiles, les cœurs les plus résistants.

Des huiles parfument les cheveux tout en apportant santé et beauté.

Soin de la chevelure

Dans les soins de beauté de la femme indienne, les cheveux tiennent une place centrale. Presque toujours longs, cachés chez la femme musulmane ou tressés chez les autres, ils sont lavés, enduits et embaumés avec un soin particulier. D'ailleurs, le mot « shampooing » vient de l'hindi *champna* (masser, presser) via l'anglais *to shampoo*. Traditionnellement, l'huile capillaire est produite de la manière suivante : on intercale dans un récipient couches de graines de sésame et couches de fleurs odorantes (rose, jasmin, champac, tubéreuse, etc.), puis, après avoir laissé ce « feuilleté » en macération pendant deux jours, on presse : l'huile de sésame qui coule est gorgée du parfum des fleurs.

Tatouage au henné avant la cérémonie du mariage.

Jour de fête

Le parfum est aussi présent dans la cérémonie du mariage. Les époux se retrouvent, selon la tradition, sous un dais (pendal) éclairé par de petites lampes et jonché de pétales de fleurs odorantes. Le brahmane vient s'asseoir à leur côté et, après avoir prié, consacre l'union des époux en jetant sur leurs épaules une poignée de safran mêlé à de la farine de riz. Le mari offre alors à sa femme une petite image en or qu'elle portera en collier comme alliance. Dans un coin, un brasier contient le feu sacré : les braises consument du bois de santal et des larmes d'encens.

Complément des soins aux huiles parfumées, l'amla est une teinture végétale qui accentue le noir des cheveux.

Après le massage et le lavage, la chevelure est embaumée et partiellement séchée par des fumigations odorantes : la femme se renverse au-dessus d'une sorte de brasero où la braise réchauffe et brûle des essences, des résines ou des cônes d'encens. Cette fumée est aussi un fixateur de parfums : la chevelure sera tressée avec des fleurs décoratives et parfumées, comme le jasmin, le champac, la tubéreuse, la frangipane, la fleur de manguier… Ces fleurs donneront la fraîcheur désirée durant le jour et auront imprégné les cheveux de leur odeur puissante et sensuelle pour la nuit : un parfum subtil produit par le mélange des huiles capillaires, de la fumigation à l'ambre ou au santal et des fleurs fraîches, un enfleurage raffiné et créatif.

Les feuilles de neem sont mélangées à de l'huile de coco pour donner une huile capillaire de beauté. Appelé aussi margousier, le neem, qui possède des propriétés antifongicides, hydratantes et régénérantes, est considéré en Inde comme une panacée.

Corps et âme

Les recettes de beauté ne se limitent jamais au seul usage de produits cosmétiques : le corps et l'esprit doivent y contribuer ensemble, le stress, la mauvaise alimentation ou les agressions de la pollution sont des ennemis à combattre par un rééquilibrage global. Diététique, pratique du yoga, massages, cosmétiques et parfums, tout doit se conjuguer pour une bonne hygiène de vie. Sésame, santal, lotus, menthe… sont utilisés aussi bien en cuisine que pour les onguents corporels ou pour des masques faciaux…

Dans le poème mystique *Megha-Douta*, Kalidasa décrit ainsi la parure des Indiennes il y a deux mille ans : « Le pollen des fleurs donne un air de pâleur à la beauté des femmes, qui tiennent à la main un lotus et portent le jasmin fraîchement éclos tressé dans leurs boucles noires… »

La femme indienne parfume son corps et aussi ses habits : dans les coffres et les armoires, chaque famille cache ses boules ou ses sachets parfumés. Le sari en soie en sera d'autant plus imprégné que la soie est une matière vivante, plus sensible que d'autres aux arômes.

Page suivante : pour préparer le khôl, trempez une petite pièce de coton dans un jus de citron. Faites sécher au soleil. Répétez l'opération trois fois de suite, puis roulez pour former une mèche et trempez-la dans de l'huile de ricin. Allumez au-dessus d'un petit pot de terre. Du bout du doigt, récupérez un peu de cendre et d'huile, puis appliquez au pourtour de l'œil.

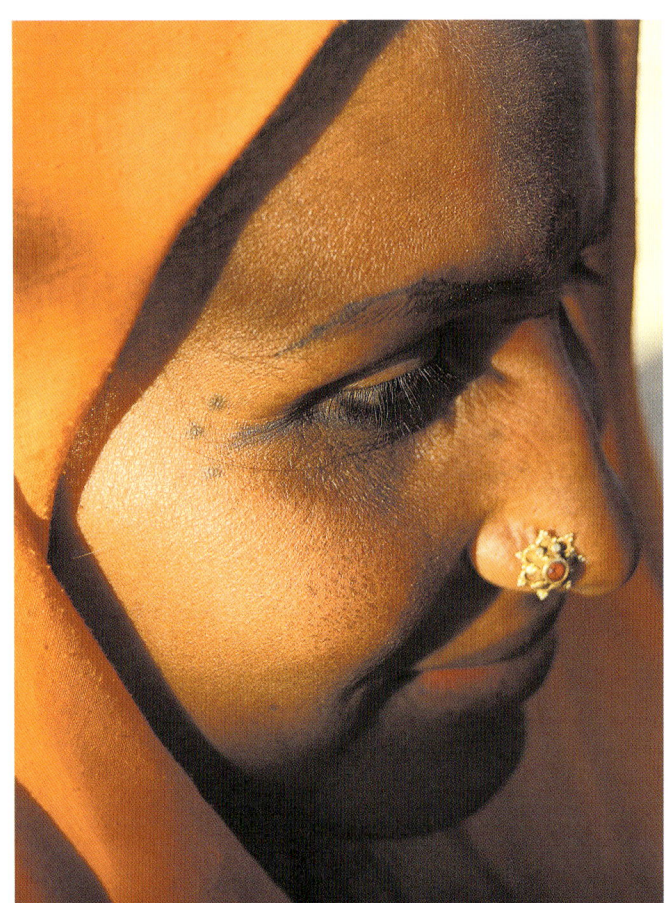

Happy Holi !

Carnaval de liberté, Holi est sans doute la plus ancienne des fêtes indiennes (la fête en Inde est une institution quasi permanente). Elle a lieu chaque année au retour du printemps, à la veille de la pleine lune du mois hindou de Phalgouma. Consacrée jadis à Kama, le dieu de l'érotisme, Holi célèbre aujourd'hui plutôt les amours de Krishna et de sa bien-aimée Radha, mais aussi ses bacchanales avec les 16 108 *gopis*, c'est-à-dire ses innombrables maîtresses. Ce « sacre du printemps » inaugure une semaine d'euphorie et de relâchement, adultes et enfants envahissent les rues et s'aspergent les uns les autres, dans une joyeuse partie de cache-cache, de poudres et de liquides colorés et parfumés. Autrefois ces gestes, orchestrés par les femmes, visaient à magnifier les sens, et notamment celui de l'odorat : les produits utilisés étaient des eaux de rose, voire des recettes magiques que les femmes concoctaient pour conquérir l'autre sexe. Les maharajas et maharanis s'aspergeaient avec de grandes seringues de potions de rose empourprées ! Certaines de ces seringues étaient décorées d'un embout d'argent figurant une femme nue.

Les attars du Grand Moghol

Depuis toujours, l'Inde produit les matières
premières pour la parfumerie.
Au XVIe siècle, les Moghols apportèrent
le raffinement et le savoir-faire de la Perse.

**FROTTEZ
CETTE IMAGE
ET SENTEZ**

L'attar de rose

Parmi les attars – ces parfums traditionnels de l'époque
des Moghols – celui à la rose a le plus de succès.
On distille directement les composants du parfum : des copeaux
de bois de santal avec des roses de Kanauj fraîchement cueillies.
La rose chante comme la Callas et le santal l'accompagne
comme un orchestre symphonique. Le santal est masculin
et la rose féminine, yin et yang : le pari est donc celui
de l'équilibre, de l'entente. Peut-être la rose dominera-t-elle
toutefois, car le santal sait aussi être galant…

Raffinement des arts

En 1526, Babur, prince turco-mongol, descendant de Gengis Khan, vainc le sultan de Delhi et fonde un empire nouveau dans le sous-continent indien. Cette domination durera trois siècles, avant que la colonisation anglaise à son tour ne soumette l'Inde.

Cette période est à la fois marquée par la diffusion de l'islam, surtout dans le centre et le nord du pays, et par la richesse et la sophistication des arts : l'Inde moghole sera celle des palais et des mausolées somptueux. Certes les maharajas ne se soumettent pas complètement à l'empereur et à sa religion, mais la symbiose se fait : l'empire accepte l'Inde ancestrale, ses rites, ses religions et ses richesses. Le Grand Moghol Akbar inaugure un style artistique original, synthèse de la culture persane et des traditions indiennes qui touche tous les domaines : la musique, l'architecture, la peinture, la poésie et… les parfums. On situe sous son règne la première distillation d'essence de rose. Jahangir et Chah Djahan régneront sur l'un des empires les plus puissants du XVIIe siècle. Chah Djahan s'éprend de Mumtaz Mahall et donnera au monde l'un de ses plus purs chefs-d'œuvre architecturaux : le mausolée du Taj Mahal, bâti en mémoire de la bien-aimée défunte.

Distillation des roses à Kanauj.

Capitale du capiteux

Les empereurs avaient décidé d'édifier une ville, Kanauj, qui serait consacrée à l'art des attars (de l'arabe *atr*, parfum). Aujourd'hui encore on y cultive la rose de Damas et d'autres fleurs à parfum comme la marygold ou le jasmin. Plusieurs petites fabriques ancestrales produisent toujours des huiles essentielles. Comme Grasse en France, Kanauj est la capitale des produits parfumés. L'attar est un parfum très puissant – il n'est pas dilué dans l'alcool, interdit par la religion musulmane (même en usage externe) – et résulte de la double distillation de fleurs et de copeaux de bois de santal. Le plus fameux est l'attar de rose ; le bois de santal vient du sud de l'Inde pour être distillé dans de grands alambics de cuivre ou de bronze enfouis dans la terre. Autour de Kanauj, lorsque le soleil se lève, il fait encore frais à la fin de l'hiver : une brume recouvre les champs de roses situés à quelques kilomètres de la ville. Il en reste peu, car les attars traditionnels sont passés de mode et la rose indienne ne se vend pas aussi bien que celles de Bulgarie, de Turquie ou du Maroc, appréciées par les industries de parfumerie et d'aromathérapie.

Récupération de l'attar de rose après distillation à la vapeur (à gauche).

En quittant la route, un petit chemin serpente entre les champs de céréales et de légumes. Soudain le parfum d'un champ de roses nous saisit, comme un appel de séduction de la nature. Des femmes et des hommes cueillent les fleurs d'un geste vif puis les mettent dans un sac de jute qu'ils tiennent en bandoulière. Avant midi, ils devront apporter leur sac de jute à des *brokers* qui achèteront leur récolte, avant de se rendre eux-mêmes à la ville, à bicyclette, pour vendre à leur tour à des usines d'extraction ou à d'autres intermédiaires. Le broker achète le kilo de roses 12 roupies (environ 30 centimes d'euro) et le revend 20. Pour produire 10 g d'huile essentielle de rose il faut 50 kilos de fleurs ! Malgré le prix dérisoire versé aux paysans, l'huile essentielle sera revendue de 100 000 à 200 000 roupies (2 400 à 4 800 euros) le kilo, une fortune… En attendant, comme chaque jour, le broker reçoit les récoltes : il faut que la rose ne soit pas humide, elle aura séché une journée à l'ombre avant d'être utilisable. On discutera la qualité et donc le prix si la récolte ne semble pas de premier ordre. Le vendeur n'a guère le choix : il doit liquider sa marchandise sur-le-champ, sinon ses fleurs seront fanées et invendables.

Dans les champs aux alentours de Kanauj, les roses sont coupées au petit matin, deux fois dans l'année, en novembre et en mars. Il faut cueillir la fleur délicatement, sans la tige.

L'enfleurage

Outre la distillation à la vapeur d'eau, il existe une autre méthode, plus ancienne, pour obtenir des huiles essentielles : il s'agit de l'enfleurage. Les Égyptiens en maîtrisaient déjà les techniques. Les parfums des fleurs sont extraits par contact avec une matière grasse qui absorbe et conserve les senteurs.

On peut aussi faire macérer les plantes odorantes dans de l'huile tiède ou chaude, et recueillir le liquide parfumé en les pressant dans un tissu.

Technique ancestrale

Dans sa petite distillerie d'un autre âge, M. Kapur nous reçoit avec jovialité. Si « les affaires ne sont plus ce qu'elles étaient », il ne semble pas malheureux et continue de vendre ses précieux attars dans les émirats arabes et à quelques maharajas et notables indiens. Les alambics de petite taille sont alignés à l'air libre, leur bec de condensation plonge dans une rigole d'eau courante, le feu de bois dégage une épaisse fumée. « Pour obtenir un attar véritable, il faut distiller la rose dans un récipient qui contient de l'huile essentielle de bois de santal, qui fixera fermement l'odeur de la fleur : on répétera cette opération une vingtaine de fois, en récupérant toujours l'eau de distillation de la rose, afin de gorger le santal à satiété. » Pas question d'associer par simple mélange les deux huiles essentielles, le résultat ne serait pas identique. Il faut ensuite décanter le produit – c'est-à-dire séparer l'huile essentielle de l'eau – et le laisser reposer un bon moment. A la question : « Combien de temps ? », un sourire nous apprend clairement que cela aussi fait partie du secret de fabrication. « Jadis, on produisait beaucoup d'huiles parfumées : sur une base d'huile de sésame ou de moutarde, on associait des huiles essentielles de rose ou de jasmin, mais ces produits pour l'usage capillaire sont devenus trop chers : les femmes maintenant préfèrent les shampooings et les baumes modernes… »

Son sourire désapprobateur s'adresse-t-il aux femmes modernes ou bien aux produits concurrents ? Dans son bureau-atelier entièrement recouvert de boiseries et de vitrines aux flacons innombrables, M. Kapur nous sert un thé au lait et nous fait sentir ses parfums qu'il sort d'une remise, sorte de caverne d'Ali Baba, fraîche et obscure pour mieux conserver les précieux effluves. Outre l'attar de rose, il nous propose celui de jasmin, de marigold – l'œillet d'Inde qui se récolte aussi en ce moment, chaque après-midi – de vétiver ou d'une de ses spécialités : le pot de terre cassé ! Le même que celui dans lequel nous buvons notre thé, un récipient plus populaire encore en Inde que le pot en polystyrène ou en plastique. Une fois distillé, affirme M. Kapur, le pot donne l'impression de « l'odeur de la terre mouillée après la pluie ».

Les désirs, parfois les caprices, que le raffinement oriental stimule ont permis, dans ce pays aux climats si variés (des neiges de l'Himalaya à l'étouffement équatorial), des recherches à l'infini de nouvelles odeurs.

Pesée de la récolte de roses à Kanauj. Il faut 50 kilos de fleurs pour produire 10 g d'huile essentielle !

Senteurs insolites

Pour rehausser les odeurs florales dans les parfums, on utilise des senteurs insolites : le calamus, par exemple, est produit par la distillation des racines fraîches ou séchées de l'*Acorus calamus* qui pousse dans les zones marécageuses. Il donne une note de cuir animal presque écœurante, épicée et mielleuse. Le camphre, qui sert à la fois à assainir la maison et à parfumer les armoires, est obtenu par distillation des racines, branches et bois du *Cinnamomum camphora*, mélangé à d'autres espèces de la famille des lauracées. Un bon camphre est comme un bon curry : une recette privée, familiale, preuve du bon goût et du raffinement de la maison. L'agar, ce grand arbre de l'Assam, donne un bois à l'odeur forte et tenace lorsque son bois est infecté par une maladie : une moisissure qui développe une résine ruisselant sur le tronc. Il existe en Inde et au Laos des forestiers dont le métier consiste à repérer les arbres malades. L'essence vaut très cher, environ 20 000 euros le kilo ! Le bois d'agar servait aux Indiens à confectionner les agarbatis et entrait dans la recette de certains attars. Le costus vient du Cachemire. Cette racine de *Saussurea lappa* est utilisée pour les attars, les fumigations et dans le tabac. Son caractère animal l'a fait comparer au musc, dont l'origine géographique et les pouvoirs étranges sont voisins. Afin de protéger les espèces végétales et animales, le costus et le musc sont aujourd'hui interdits en parfumerie.

Pâte d'encens.

Les parfums des maharajas

Le raffinement des maharajas, leur richesse,
ont longtemps fasciné les admirateurs
de l'Orient. Chefs religieux et temporels,
héros incarnés des Indiens, ils ont cultivé
l'esthétisme dans tous les domaines :
la religion, la guerre, la chasse (au tigre
surtout), la joaillerie, la musique,
le théâtre et la danse, l'architecture
et, bien sûr, les parfums...

**FROTTEZ
CETTE IMAGE
ET SENTEZ**

Le vétiver des maharajas

Le vétiver cultivé dans le sud de l'Inde est une racine
(ou plutôt des écheveaux de fines racines) qui se distille
et donne une huile essentielle lourde et foncée, puissante
comme la terre et amère. Un parfum de vétiver doit décliner
sa raison d'être. Son parfum caractéristique doit
s'assagir et devenir élégant, comme la laine de mouton
de l'Himalaya doit devenir cachemire… Pour attendrir
le vétiver, il faut associer une note florale douce et une
harmonie boisée-épicée, légèrement animale, en contrepoint.

L'aristocratie rajpoute

Cependant les maharajas ont dû changer de vie, avec moins d'argent et de serviteurs, et toujours leurs immenses palais, qu'il faut entretenir... ou transformer en hôtels. Plus ouverts au monde, ils prirent aussi le goût de la mode occidentale, des parfums français...

Les jardins fleuris et les bassins rafraîchissants du Lake Palace d'Udaipur (à droite).

Si l'élégante épouse de Gajendra Singh, le maharaja de Kimsar, aime montrer le nécessaire à parfums hérité de sa mère, celle de Vikram Singh, maharaja de Luni, admet que les temps sont révolus où l'art du parfum était l'un des piliers de la culture aristocratique rajpoute. « Je me souviens encore que le parfum était partout dans la maison : dans les pièces, grâce aux fleurs odorantes des jardins – que nous n'avons plus les moyens d'entretenir – mais aussi grâce aux huiles essentielles : on parfumait le lit au vétiver avant de se coucher. Les ventilateurs permettaient de diffuser du vétiver dans la pièce, pour donner une impression de fraîcheur. Les fêtes – notre vie se passait de fête en fête – étaient aussi une occasion de débauche d'odeurs. Sur le corps, l'habitude était de ne pas se mettre de parfum, ou, à la rigueur, derrière l'oreille et dans les cheveux, mais par contre on parfumait ses vêtements avec les attars. Les massages, plutôt réservés aux hommes, étaient pratiqués aussi avec des huiles parfumées... »

Secrets de famille

Les usages variaient d'une région à l'autre, le nord
de l'Inde étant plus influencé par l'Islam que le
sud. Chaque famille cultivait ses rites et ses secrets.
Depuis des siècles, certains palais disposaient de
systèmes de « climatisation » par écoulement et
évaporation d'eau dans les appartements.
En été, des courants d'air permanents traversaient
des rideaux de léger tulle humide et parfumée.
Dans les familles d'origine musulmane, l'usage
de l'eau de rose pour se rafraîchir et accueillir
les hôtes était la coutume. On utilise encore
aujourd'hui les onguents et les crèmes corporelles
parfumées, les masques à la rose pour nettoyer
le visage. Sans oublier l'art du bain où l'eau est
parfumée, comme celle qui sert à se rincer la
bouche… « A vrai dire, ajoute la maharani
de Luni, nous n'utilisons plus guère que
les agarbatis [bâtons d'encens] pour
donner un peu d'élégance et recevoir
nos hôtes le soir. »

*Double page
suivante :
miniature du
palais de
Jag Mandir,
sur le lac
d'Udaipur.*

*Le fils du maharadja de Jaipur
sur son éléphant d'apparat.
A droite : à la tombée
de la nuit, l'Udaivilas scintille
de centaines de bougies
qui se reflètent dans les
eaux du lac d'Udaipur.
Double page suivante :
bassin parfumé.*

Parfumeur colporteur

En fin d'après-midi, Malesh Gandhi, parfumeur attitré des familles princières de la région de Jodhpur et notamment du maharaja Gaj Singh II, arrive au fort de Luni avec tout son attirail, comme un colporteur, en compagnie de ses deux assistants. Il présente aux dames les parfums de sa composition – des attars à la rose, au jasmin, à la tubéreuse, à l'ambre, etc. – en trempant dans ses productions un bâtonnet de bois enrobé de coton puis en le tendant respectueusement en direction des narines princières. Sa dernière trouvaille est un attar qui fleure l'odeur du riz basmati ! Celui au safran est délicieux. La maharani en achètera un peu – moins que sa mère, remarque le parfumeur – mais visiblement plus pour satisfaire à un rituel que par goût. « J'en achète moins que ma mère, lance-t-elle à l'adresse du parfumeur, mais tes parfums sont moins bons que ceux de ton père ! » On est ici parfumeur de père en fils. Malesh Gandhi vend désormais plus aux voyageurs qui visitent le Rajasthan, curieux de découvrir les traditions séculaires des parfums des maharajas. Tandis que ces derniers leur préfèrent Dior, Chanel ou Saint Laurent... Gandhi aura-t-il un fils pour perpétuer son art ? Continuera-t-il de faire des attars à l'ancienne, ou se contentera-t-il d'imitations pour les touristes ? Un art de vivre se perd, et avec lui une tradition de parfums là où régnait jadis l'harmonie des sens...

Odeurs de sainteté

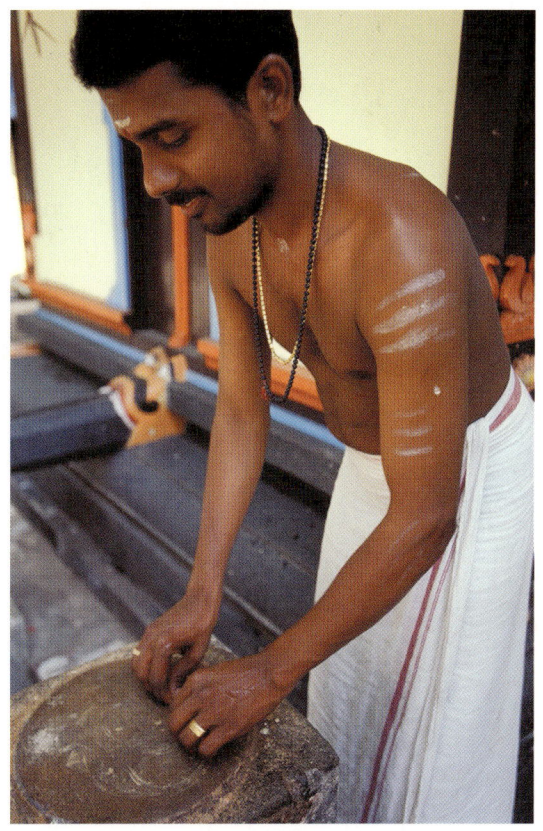

Le santal règne en maître dans l'univers mystique de l'Inde. A l'entrée des temples, les *sattani* (marchands de fleurs) proposent aux fidèles des guirlandes de fleurs parfumées comme offrande aux dieux. Les fleurs de manguier, elles, sont réservées à Vishnou.

FROTTEZ CETTE IMAGE ET SENTEZ

Santal, bois sacré

Le santal est un don des dieux. Il est le signe de la bénédiction
au temple, il embaume les agarbatis, ces bâtons d'encens
des cérémonies religieuses hindouistes ou bouddhistes.
Le santal, pour le parfumeur, est le roi des notes boisées…
On peut le renforcer avec de la racine d'iris.
En souvenir de sa liaison amoureuse avec les grands
attars de l'époque moghole, on griffera le santal
d'une légère trace de rose damascena. La bergamote,
elle, allégera la note autoritaire du bois.

*Bénédiction à la
pâte de santal.*

*A droite : temple
au pied des ghâts
(escaliers de pierre)
de Bénarès,
la ville sainte.*

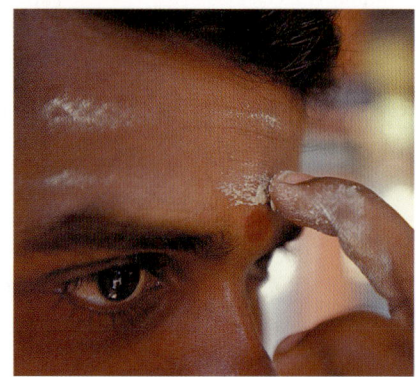

Ville mystique

**Il est très tôt le matin. Le temple hindou du
quartier des marchands de tissus de Bénarès
accueille les fidèles avant qu'ils se rendent
au travail. On a préparé la pâte de bois de
santal, une belle crème jaune sombre très
lisse que chacun recevra sur le front, c'est
la bénédiction du matin.**

Bénarès est au bord du Gange comme une ville
étape, une dernière halte avant les autres vies,
ou si l'on préfère avant la mort. Le Gange prend
sa source dans l'Himalaya, la montagne mystique
par excellence, la demeure de Shiva, là où plus
tard naquit Bouddha. Selon la légende, Ganga
était la fille aînée du mont Himavan. Elle était si
belle que son père l'offrit aux dieux. A ses débuts,
la rivière Ganga coulait dans les sphères célestes,
aux pieds du mont Meru, la demeure de Brahma.
Le roi Bhagiratha la fit descendre sur terre
avec l'aide de Shiva. A Bénarès, le Gange fait une
boucle qui évoque le croissant, emblème de Shiva.
C'est là que se trouvent les *ghâts*, ces escaliers
de pierre qui bordent le fleuve, et les temples où
les croyants viennent se purifier par un bain.
Pour les hindous, Bénarès est le lieu de la
perfection sur terre et de la délivrance de nos
vies terrestres. Pour les bouddhistes, c'est ici
que Bouddha prononça le sermon de Sarnath,
leur texte fondateur.

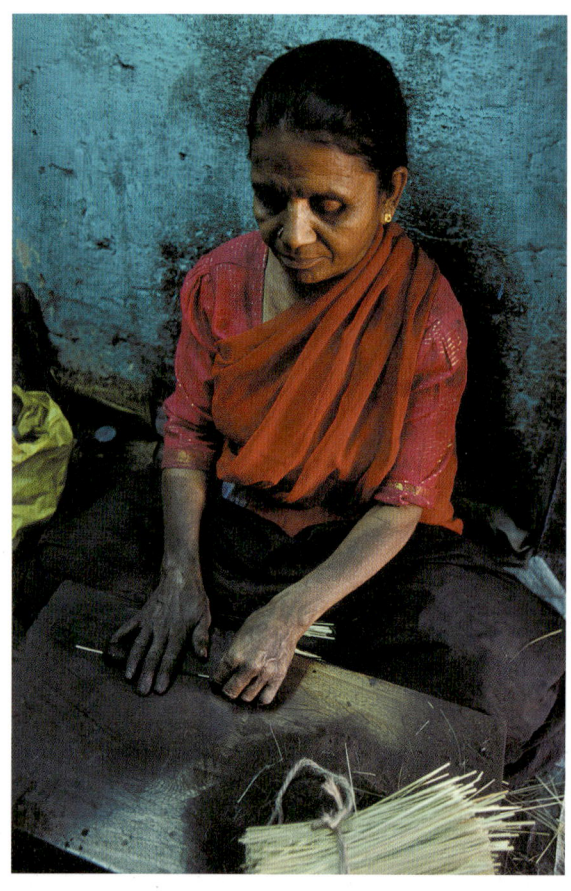

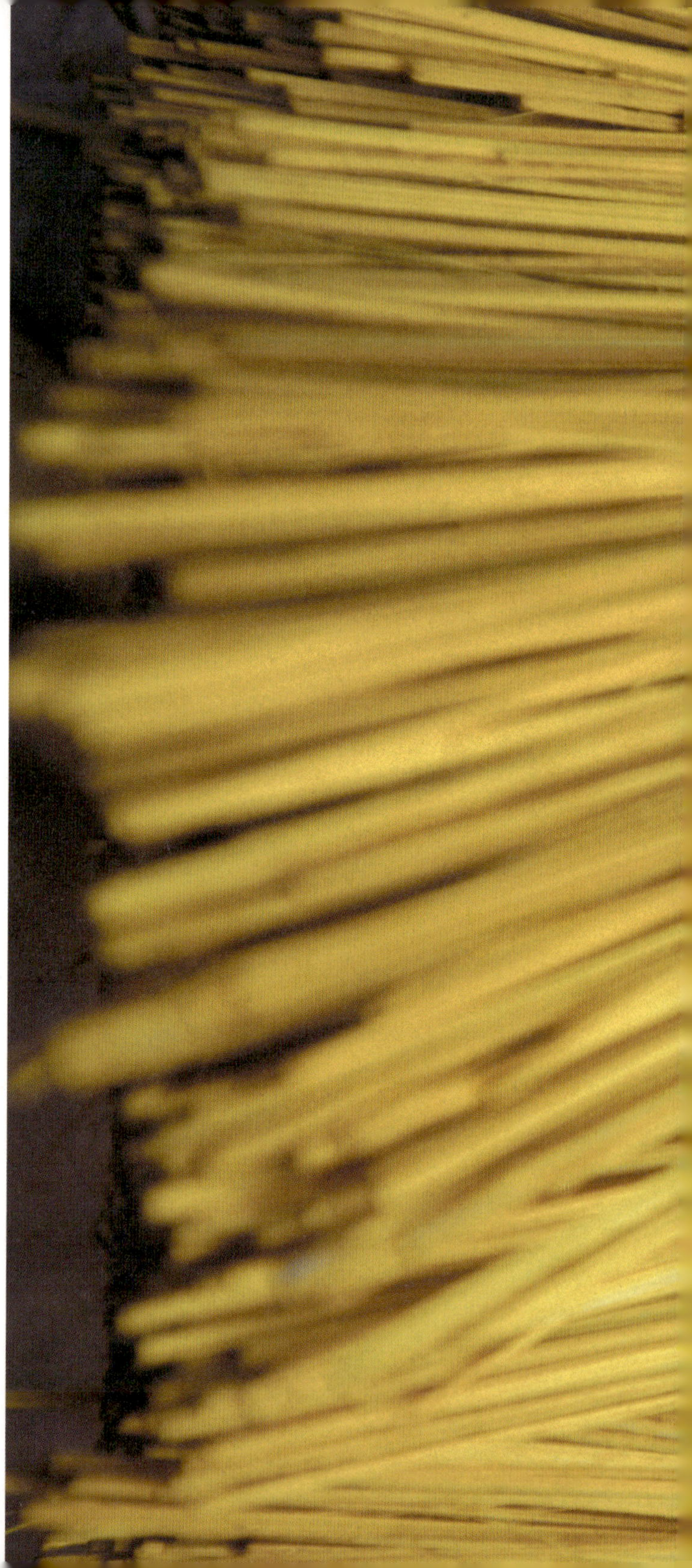

Les agarbatis

Pour réaliser un bâton d'encens (agarbati),
il faut d'abord préparer la pâte, issu du
mélange d'un composant aromatique (poudre
de santal ou d'agar, fleurs…) avec du
charbon de bois et de la résine. On la roule
ensuite autour d'un bâtonnet de bambou.

La joie des dieux

Le long de Lakshmi Road, un cortège s'avance.
On est loin de l'ambiance solennelle d'un
enterrement occidental, au contraire, les hommes
semblent pris d'une sorte de frénésie ; ils dansent
et éloignent les mauvais esprits avec des bâtons
ou des parapluies. La dépouille est fixée sur un
brancard soutenu par quatre porteurs. Le cortège
s'oriente vers le lieu où va se dérouler la
crémation, aux yeux de tous – ici la mort n'est
jamais occultée. Le cadavre est installé sur le
bûcher, traditionnellement en bois de santal
– aujourd'hui ce bois est trop cher et souvent
remplacé par du sapin ou du cèdre – et ses pieds
doivent tremper dans l'eau du Gange. Le feu
attisé par des huiles parfumées s'élève, et
les assistants ne manifestent aucune tristesse.
L'odeur du bois odoriférant rappelle que la
cérémonie a lieu pour la joie des dieux, la fumée
va rejoindre le soleil. Le corps, les cendres vont
retrouver les éléments cosmiques, et d'abord se
mêler aux eaux sacrées du fleuve pour atteindre
« l'autre rive », la libération…
Aux bords du fleuve, regardant la cérémonie,
les sadhus restent silencieux. Ils portent souvent
des cheveux longs et méditent. Ils attendent la
mort, qui viendra en son temps. Ils ne sont pas
des illuminés, mais des sages qui ont tourné
la page de la vie active et matérielle, et viennent
ici se réconcilier avec l'univers.

Dans le *Sakountala*, poème mystique
de *Kalidasa* écrit il y a plus de deux millénaires,
Kanwa implore :
Saintes flammes, flammes mystiques
Vous qui montez de nos autels
En nuages aromatiques
Vers le séjour des immortels
Flamme que l'herbe consacrée
Entoure d'un cercle divin
Purifiez ma fille adorée.

*Le santal est un arbre dont
le bois est dur et jaunâtre.
Le plus réputé provient de
la région de Mysore.*

*A droite : offrandes de fleurs
sur le marché de Mysore,
dans le sud de l'Inde.*

Arbres de vie

Si le bois de santal ou le
bois d'agar sont tellement
présents dans les rituels
religieux, ce n'est pas un
hasard : l'arbre cosmique
est au centre de toutes les
religions du sous-continent.
Pour l'hindouisme, c'est
par l'arbre que l'on vient
à la vie, que l'on retrouve ses origines, et plus tard
que l'on peut accéder à l'immortalité. C'est sous
un figuier, arbre de l'illumination, que Bouddha
atteignit l'« éveil ».

Dans tous les cultes religieux de l'Inde, l'arbre est
le lieu des offrandes (fleurs et fruits) et la source
de l'énergie : on embrasse l'arbre et on le flaire.
Car le parfum de l'arbre est aussi présent et
puissant que celui du lait maternel : un sacre
originel qui marque l'homme plus sûrement qu'un
baptême. Les bâtons d'encens, aujourd'hui en
brins de bambou, étaient jadis en bois odorant :
l'odeur du bois (ou sa résine comme l'encens,
le benjoin ou la myrrhe) qui brûle rapproche des
dieux : les Egyptiens, les Grecs, les Hébreux,
les bouddhistes et les chrétiens partagent ce rituel.
Jadis, les brahmanes confectionnaient un doux
mélange de nard, de musc, de benjoin et d'aloès
(ou d'agar) qu'ils brûlaient dans les temples
(aujourd'hui un tel parfum serait ruineux !).

Ssambrani

*Cet arbre à résine jaune pousse à l'état
sauvage dans les montagnes du Kerala.
On taille l'écorce pour laisser couler
progressivement sa résine qui, une fois posée
sur de la braise, brûle en laissant s'échapper
une odeur forte. Le sambrani est utilisé au
Kerala pour se parfumer les cheveux.*

Autre élément symbolique de l'Inde mystique,
la fleur de lotus. Lorsque Brahma, le créateur,
jaillit du ventre de Vishnou (endormi au sein des
eaux originelles) et crée le monde en un instant,
il est posé sur une fleur de lotus qui est son
berceau : le lotus c'est la vie. La fleur, magnifique
et fragile, éclôt à la surface d'eaux généralement
troubles, dans des marécages ou dans des étangs :
symbole de la perfection au-dessus de
la médiocrité du monde, de l'esprit dominant
la matière. Dans l'iconographie bouddhique,
Bouddha est souvent représenté assis sur une fleur
de lotus, dans une posture qui symbolise l'atteinte
de l'illumination. La vision du paradis où
séjournent les dieux est toujours en Inde associée
aux fleurs odorantes : dans le domaine de
Brahma, on trouve le champac bleu (le champac
jaune pâle réservé aux simples mortels est utilisé
pour les tresses des femmes), le ciel d'Indra
contient le camalata, dont les corolles rosées
répandent un parfum si délicieux qu'il accorde
à ceux qui ont la chance de posséder cette
merveille de pouvoir exaucer tous leurs désirs.
Le parfum est l'expression divine par excellence,
comme s'il représentait dans l'univers matériel
la correspondance de l'esprit immatériel.
Un dicton indien affirme : « La vertu comme
le musc répand partout sa bonne odeur, même
si on ne la voit pas. »

Fleurs de lotus.

Carnet d'adresses

LA VIE DE MAHARAJA

Hôtels et palais d'hôtes
On trouve de vieux palais fortifiés transformés en luxueuses chambres d'hôtes, ou des demeures modernes aux allures dignes des *Mille et Une Nuits*… Au Rajasthan, notamment autour de Jaipur – capitale mythique des pierres précieuses, ville rose aux innombrables palais en ruine, classée au Patrimoine mondial de l'Unesco – il existe de véritables havres de paix : de vastes jardins où sont sauvegardés des arbres ancestraux, des temples et des lacs couverts de lotus. Tradition millénaire de l'Inde et de l'Asie, le massage ayurvédique est adapté aux Occidentaux. Ce raffinement se retrouve dans la plupart des hôtels.

Rajvilas
Des jardins magnifiques dans la ville des joailliers. Goner Road, Jaipur (Rajasthan). Tél. : (141) 2680101. Fax : (141) 2680202. www.oberoihotels.com gm@oberoi-rajvilas.com

Amarvilas
Des jardins et des bassins, en face du Taj Mahal. Taj Esat Gate Road, Agra (Uttar Pradesh). Tél. : (562) 231515. Fax : (562) 231516. gm@oberoi-amarvilas.com

Vanyavilas

Des « tentes » de luxe à
l'orée d'un parc national.
Rathambore Road,
Sawai Madhopur (Rajasthan).
Tél. : (746) 2223999.
Fax : (746) 2223988.
gm@oberoi-vanyavilas.com

Udaivilas

Un *resort* sublime aux
confins du désert.
Haridas Jiki Ki Magri,
Udaipur (Rajasthan).
Tél. : (294) 2433300.
Fax : (294) 2433200.
gm@oberoi-udaivilas.com

Samode Palace

Un vrai palais à une heure de
Jaipur – où le maharaja dispose
aussi d'un *haveli* très agréable –
un dépaysement total.
Gangapole (Rajasthan).
Tél. : (141) 2632370.
Fax : (141) 2631397.
www.samode.com
Reservations@samode.com

Umaid Bhawan Palace

Gigantesque palais du maharaja
de Jodhpur, dominant la ville.
www.amanresorts.com
Tél. : (291) 2510101.
Fax : (291) 2510100.
umaidbhawanpalace@
amanresorts.com

Fort Chanwa Luni

Un petit fort dans la
campagne. Cuisine réputée.
www.fortchanwa.com
1, PWD Road, Jodhpur.
Tél. fax : (291) 2432460.

Bambora Fort

Une belle fortification dans
le désert, près d'Udaipur.
Udaipur (Rajasthan).
www.karnihotels.com
Tél. : (291) 2512101.
Fax : (291) 2512105.

Pousada Tauma

Maisons de charme
à quelques pas de
la mer, près de Goa.
Bardez, Goa (Goa).
Tél. : (832) 2279061.
Fax (832) 2279064
neville@pousada-tauma.com

SOINS DE BEAUTÉ ET DE SANTÉ À L'INDIENNE

Traitements et massages ayurvédiques

Avant de venir se faire traiter dans un centre ayurvédique Softouch (surtout fréquenté par des Européens), les patients touristes communiquent avec le Dr Rajesh par téléphone ou par e-mail, afin de déterminer la durée de la cure, au minimum une semaine. La cure comporte tisanes, massage (de 45 min à 1 h 30) et yoga quotidiens. Les résultats sont assurés. Ces centres, comme bien d'autres en Inde, ont une clientèle fidèle. www.softouchayurveda.com

Le Méridien Cochin
Maradu 682 304
Tél. : 91 484 2705777.
Fax :91 484 2705750.
www.cochin.lemeridien.com

Le Meridien Kovalam
Kovalam Hotel Beach Resort
Trivandrum 695 527
Tél. 91 471 2480101
Fax 91 471 2481522
www.kovalam.lemeridien.com

Dans les *backwaters*
Croisière sur le M.V. Vrinda
Voyage de luxe sur un petit

bateau de 8 cabines.
www.oberoihotels.com
Tel. : (484) 2669595.
Fax. : (484)2669393.
sanju@tridentcochin.com

SE PARFUMER À L'INDIENNE

On pourra acheter sur place des attars dans tous les souks, notamment à Delhi, Jaipur, Agra et Kanauj.

Kanauj. M. Kapur (Ramnarain Perfumers) fait lui-même ses distillations. Très belle boutique. Tél. : (569) 2434750.

Jaipur. Rajesh Kumar. Tél. : (141) 2561721.

Jodhpur. Jai Narayan Gandhi, le parfumeur du maharaja. Tél. : (291) 2626623.

Delhi (dans le bazar).
Gulabsingh Johrimal,
467, Chandi Chowk.
Tél. : (11) 3263743.
gsjmitar@bol.net.in

L'INDE PARFUMÉE
EN FRANCE

On peut humer en France des
senteurs orientales dans des
boutiques très élégantes où les
parfums d'inspiration indienne
sont nombreux.

Maître Parfumeur et Gantier
Rose muskissime et l'Or des
Indes, entre autres…
84 *bis*, rue de Grenelle,
75007 Paris.

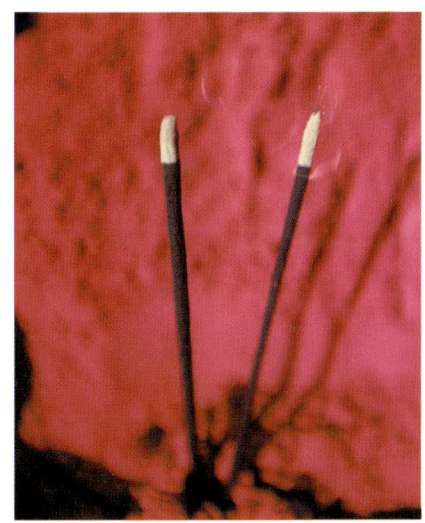

Tél. : 01 45 44 61 57.
5, rue des Capucines,
75009 Paris.
Tél. : 01 42 96 35 13.
Magasin Le Printemps
Haussmann,
75009 Paris.

Salons du Palais-Royal.
Serge Lutens
Notamment le Santal Mysore et
la Tubéreuse opulente.
142, galerie de Valois,
75001 Paris.
Tél. : 01 49 27 09 09.

Château de Frileuse
Des parfums faits sur mesure.
Et aussi pour les puristes,
amateurs de matières naturelles,
un Vétiver, un Santal,
un Jasmin…
41120 Les Montils.
Tél. : 02 54 44 19 59.
www.chateau-de-frileuse.com

LA CUISINE INDIENNE
À PARIS

Deux représentants de
la cuisine indienne dans
la capitale, parmi les plus
authentiques.

Yugaraj
14, rue Dauphine,
75006 Paris .
Tél. : 01 43 26 44 91.

Kirane's
85, avenue des Ternes,
75017 Paris.
Tél. : 01 45 74 85 60.

Mise en odeur

SFA

SOCIÉTÉ FRANÇAISE D'AROMATIQUES

Microencapsulation par les
Laboratoires Dessence
— *parfums d'émotions* —

Remerciements

Megan Son, Philippe Lansac qui a réalisé certaines photos de ce livre

Fiona Chan, Charles Caruso, Elza Dejean
Le groupe Oberoi, le Lake Palace d'Udaipur

Gulfair
7 destinations vers l' Inde
www.gulfair.fr

Jet Airways
250 vols intérieurs en Inde
www.jetairways.com

Crédits photos

Nicolas Martin : pages 14, 46, 47, 49, 54-55, 58, 59, 63, 92-93.

EDITIONS DU GARDE-TEMPS - 106, rue Vieille-du-Temple, 75003 Paris - www.garde-temps.net